F. Moras

Gedichte und Randzeichnungen

F. Moras

Gedichte und Randzeichnungen

ISBN/EAN: 9783743652446

Hergestellt in Europa, USA, Kanada, Australien, Japan

Cover: Foto ©Thomas Meinert / pixelio.de

Weitere Bücher finden Sie auf **www.hansebooks.com**

Gedichte

und

Randzeichnungen

von

Ferdinand Moras.

Philadelphia.

1882

Zwei Sänger.

Zwei Sänger weilen im entzückten Land,
Sie füllen die Herzen mit Wonne,
Der Eine sucht liebend die schweigende Nacht,
Der Andre strebt jubelnd zur Sonne.

Er kündigt an, im Osten fern,
Das Morgenroth der Tage Stern,
Vor seiner Strahlenhauptes Pracht
Entflieht scheu die stille Nacht.
Wenn von dem warmen Licht belebt,
Sich ringsum die Natur erhebt,
Und wie durch Dunkeln kündend, leuchten
Der Blumen Augen aus dem feuchten,
Dem perlenreichen Morgenthau,
Wenn von der blüthenduftigen Au,
Aus Waldesdunkel, grünen Floren,
Sich Myriaden Kreaturen
Zum Dankeshymne fern und nah,
Vereinen im Halleluja,
Dann singt, indem sie aufwärts zieht,
Die Lerche froh ihr Morgenlied.

Und hoch im Aether, rein und hell,
Aus ihres Liedchens reinem Quell,
ertönt laut und weit der Klang,
Der Sängerin liebet Gesang.
Und immer höher, höher schwingt
Sie begeistert sich und singt
Ihr helles Jubellied mit Lust,
Und herrlich, aus der kleinen Brust
Erklinget, hoch am Himmelszelt,
Ihr Lobgesang, dem Herrn der Welt.

Es sinkt der Tag, sein Licht erbleicht,
Mit dunklen Schwingen, still, anschleicht
Die Nacht das Land, und glänzend, hehr.
Umgiebt ihr Haupt das Sternenmeer.
Wenn Berg und Thal sind eingehüllet
Im Schatten tief, und lustgefüllet,
Die Sänger ruhn im Schlaf versunken;
Und wenn des Glühwurms Feuerfunken
Aufblitzend, in dem Grase leuchtet,
Und schwirrend rings, vom Thau befeuchtet
Der summend Lied die Käfer singen,
Wenn lautlos, auf den weichen Schwingen,
Die Eule durch die Lüfte schwebet
In nächtger Stille, dann erhebet:
Mit seelenvollem, reinem Schall
Ihr Lied die kleine Nachtigall.

"Und lang gedehnet, rein und klar,
So silberhell, so wunderbar."

Und lang gedehnet, rein und klar,
So überall, so wunderbar,
So klagend mild, als sei von Weh
Gedrückt die holde, kleine Fee,
Entquillt der Sang, - wie unter Thränen,
Ein tiefgefühltes Liebessehnen.
Dann plötzlich, wie aus Uebermuth,
Haucht fröhlich sie, mit voller Gluth,
Voll Lust und Freud, ein neues Lied,
Und wieder ändert sich und flieht
Jetzt ihr Gesang zu ernster Weise,
Bald schmetternd laut, dann flüsternd leise,
Entströmet magisch, jubelnd, klagend,
In schöner Poesie und sagend,
Was in dem kleinen Herzen weint,
Worin der Gott der Lieder thront.
So zwillt das Lied, aus süsser Kehle
Der wunderholden Philomele.

Das sind die Sänger, im heimischen Land,
Sie füllen die Herzen mit Wonne;
Der Eine sucht liebend die schweigende Nacht,
Der Andre strebt jubelnd zur Sonne.

Die massigen Felsen, ein üppiges Grün,
Mit stäubenden Wassern, die himmelan zieh'n,
Im duftigen Schleier, über den Wogen,
Der sonnig strahlende Regenbogen,
Der stürmenden Fluthen tosender Fall,
Orkan-Musik mit dröhnendem Hall:
So steht es einzig, erhaben und wild,
Niagaras unvergleichliches Bild.

Bevor am Ufer die schnige Hand
Des rothen Jägers den Bogen gespannt,
Eh' Pyramiden auf den Landen
Der alten Pharaonen standen,
In grauer Vorzeit, wie heute, erklang
Im hehren Choral der Donnergesang
Des Cataracts. Im brausenden Chor
Zerstäubende Fluthen stiegen empor
Und stürmend brach, vom Felsenwall,
Gewaltige Bahn sich der Riesenfall.
Ob Englands Bollwerk, ob Wigwam da steht,
Oder das Sternenbanner hier weht,
Ob sie gekämpfet mit wechselndem Glück...
Was kümmert er sich um Völkergeschick!
Jahrtausende dröhnet dem Ufer entlang
Der ewig brausende Hochgesang
Und in dem Sturme widerhallt
Des nie ermattenden Donners Gewalt.
Auf schäumendem Abgrund, der Iris Hand
Hält hoch den strahlenden Bogen gespannt,
Und immer noch schmückt ihn, wie ehedem,
Sein emeraldfarbiges Diadem.

Der Wand'rer lauscht - durch seine Seele zieht,
Im Sturm-Akkord, der Wogen ewiges Lied.
In stiller Andacht, mit Entzücken, ruht
Sein Blick gefesselt auf der wilden Fluth,
Und eingeprägt, wie es das Auge sah,
Bleibt ihm das Bild von dir, - Niagara!

Die massigen Felsen, ein üppiges Grün,
Mit stäubenden Wassern, die himmelan zieh'n,
Im duftigen Schleier, über den Wogen,
Der sonnig strahlende Regenbogen,
Der stürmenden Fluthen tosender Fall,
Orkan-Musik mit dröhnendem Hall:
So steht es einzig, erhaben und wild,
Niagaras unvergleichliches Bild.

Bevor am Ufer die sehnige Hand
Des rothen Jägers den Bogen gespannt,
Eh' Pyramiden auf den Landen
Der alten Pharaonen standen,
In grauer Vorzeit, wie heute erklang
Im hehren Choral der Donnergesang
Des Cataracts. Im brausenden Chor
Zerstäubende Ruthen stiegen empor
Und stürmend brach, vom Felsenwall,
Gewaltige Bahn sich der Riesenfall.
Ob Englands Bollwerk, ob Wigwam da steht,
Oder das Sternenbanner hier weht,
Ob sie gekämpfet mit wechselndem Glück –
Was kümmert er sich um Völkergeschick!
Jahrtausende dröhnet dem Ufer entlang
Der ewig brausende Hochgesang
Und in dem Sturme widerhallt
Der nie ermattenden Donners Gewalt.
Auf schäumendem Abgrund, der Iris Hand
Hält hoch den strahlenden Bogen gespannt,
Und immer noch schmückt ihn, wie einedem,
Sein emeraldfarbiges Diadem.

Der Wandrer lauscht – durch seine Seele zieht,
Im Sturm-Akkord, der Wogen ewiges Lied.
In stiller Andacht, mit Entzücken, ruht
Sein Blick gefesselt auf der wilden Fluth.
Und eingeprägt, wie es das Auge sah,
Bleibt ihm das Bild von dir... Niagara!

Die Schildwache zu Pompeji.

Es grollt Vesuv, in seinem Heerd,
Da kocht und stöhnt, da sprüht und gährt,
Da ringet wild, im heissen Dampfe,
Der Elemente Kraft im Kampfe.

Eine Aschenwolke ringt empor,
Ein Aschenmantel, trüb und schwer,
Schaut drauend sich in weiter Runde
Das ist Pompejis letzte Stunde!

Die Bürger, voll Entsetzen, fliehn,
Doch, treu der ehrnen Disziplin
Bleibt unerschütterlich festgebannt
Die Schildwach, die am Thore stand.

Und immer dichter wird die Nacht,
Und immer noch steht sie auf der Wacht
Der Römer, mag die Welt vergehn
Er wird zu seinem Posten stehn.

Die finstre Wolke stürzt herab
Pompeji sinkt ins Aschengrab,
Vertilgt bis auf die letzte Spur:
Ein leerer Name bleibet nur.

Und siebenzehn Jahrhundert ziehn,
Geschlechter kommen und verblühn,
Und eine neue Welt ersteht,
Wo einst Pompejis Spur verweht.

In siebenhundertjähriger Nacht
Der Römerkrieger hält die Wacht,
In fester Zucht verschollen erharrt.
Der Wächter noch am Posten harrt.

Die endlich Tageslicht erhellt
Die Trümmer jener alten Welt
Des Spatens Hieb nur zu erhellt:
Da ward die Schildwach aufgedeckt.

Die
Waisen
zu Gettysburg.

Geschlagen war des Feindes Macht,
In Gettysburger heisser Schlacht.
Inmitten von gefall'nen Siegern,
Und von besiegten, todten Kriegern,
Lag einer, dem in jener Schlacht,
Des Feindes Blei ein End gemacht.
Sein Aug war starr, und seine Hand,
Die oft dem Feinde zugesandt
Den Todesboten, hielt ein Bild.
Drei holde Kinder, klug und mild
Schau'n aus dem Bilde auf die bleiche,
Dahin gestreckte Kriegerleiche
'Wer ist der Mann?' man kennt ihn nicht.
Jedoch, in seinem Angesicht
Sieht man, wie in der Kinder Zügen,
Wie nah sie seinem Herzen liegen

Ich liebe den Wald, die
einsame Stille.
Die rauschende, wogende
Laubesfülle
Von mächtigen Eichen,
die von den Zeben
So liebend umschlungen,
himmelan streben.

Wo tief aus der Erde breitendem Schoosse
Sich winden die Ranken, und schwellende Moose
Sich bilden an Rinden, den altergrauen;
Wo sie mit farbigem Schmuck die rauhen,
Verwitterten, moosigen Hände umgeben
Und sich zu weichen Teppichen weben:
Da pfleg ich zu ruhen, und stille zu lauschen
Geheimnisvollem, gedämpftem Rauschen,
Dem Wind, wie er die Wipfel durchfährt
Im wunderbaren Waldesconcert;
Dem Summen, dem Zirpen, so emsig und lüstern,
Der bebenden Blätter heimlichem Flüstern;
Dem Rieseln und dem Geplätscher von schnellen,
Geschwätzig murmelnden, rastlosen Quellen,
Und ringsum, hoch in den Zweigen, dem Klang
Von hellem Lockruf und Weltgesang.
Ich athme mit Wonne die Waldesluft,
Den frischen, kräftigen, würzigen Duft,
Mir ist, als fänd ich der Heimath Spur
Im schattigen Hause der Mutter Natur.
Drum ziehet zur Waldluft ein stilles Sehnen,
Sie lindert der Seele Verstimmung wie Thränen.

... hat nun der Erde breitendem Schneesee
... winden die Bäume, und schwellen die Meere
... bilden an Bäumen der ... grauen;
Als sie mit farbigem Schmuck die rauhen,
... ten massigen Wände umgeben
Und sich zu weichen Teppichen weben:
Da pflegt ich zu ruhen, und stille zu lauschen
Geheimnißvollem, gedämpftem Rauschen,
Dem Wind, wie er die Wipfel durchfährt
Im wunderbaren Waldesconcert,
Dem Summen, dem Zirpen, so emsig und lüstern,
Der fallenden Blätter heimlichem Flüstern;
Dem Rieseln und dem Geplätscher von schnellen,
Beständig murmelnden, rastlosen Quellen,
Und ringsum, hoch in den Zweigen, dem Klang
Von hellem Lockruf und Weltgesang.
Ich athme mit Wonne die Waldesluft,
Den frischen, kräftigen, würzigen Duft,
Mir ist, als fänd ich der Heimath Spur
Im schattigen Hause der Mutter Natur.
Drum ziehet zur Waldluft ein stilles Sehnen,
Sie bindet der Seele Verstimmung wie Thränen.

... lieb mir der Erde breitendem Schoosse
... winden die Quellen, und schwellen die Meere
Die Erde an ... den altergrauen;
Als sie mit farbigem Schmuck die rauhen,
... moosigen Wände umgeben
Und sich zu weichen Teppichen weben:
Da pflegt es zu ruhen, und stille zu lauschen
Geheimnisvollem, gedämpftem Rauschen,
Dem Wind, wie er die Wipfel durchfährt
Im wunderbaren Waldesconcert,
Dem Summen, dem Zirpen, so emsig und lüstern,
Der schwellenden Blätter heimlicher Flüstern;
Dem Rieseln und dem Geplätscher von schnellen,
Gleichmäßig murmelnden, rastlosen Quellen,
Und ringsum, hoch in den Zweigen, dem Klang
Von hellem Lockruf und Weltgesang.
Ich athme mit Wonne die Waldesluft,
Den frischen, kräftigen, würzigen Duft,
Mir ist, als fänd ich der Heimath Spur
Im schattigen Hause der Mutter Natur.
Drum ziehet zur Waldluft ein stilles Sehnen,
Sie lindert der Seele Verstimmung wie Thränen.

Ich liebe das Meer, die brandenden Wogen,
Die salz'ge Luft, die wilden, in schäumenden Bogen
Sich brechenden Wellen, den donnernden Harg,
Der Oceans ewigen Hochgesang
Das Aug', mit stillem Entzücken, schweift
Auf endloser Fläche, und träumerisch breit
So fern des Horizonts Saum, wo Segel
Wie Schwäne hinziehn, und kreisende Vögel,
Im Aether sich wiegend, auf luftigen Schwingen
Ihr heiteres Lied dem Ocean singen

Es füllet sich stille die Fantasie
Mit jener wundersamen Magie
Der Sagen der Vorzeit, mit Meeresklängen
Von leuchtenden Perlen, Sirenengesängen,
Von holden Gestalten mit zauberischen Blicken,
Von Stürmen und Klippen, von Oceans Tücken;
Ein buntes Gewebe, voll Weh und voll Freud,
Von jauchzender Lust und von Herzeleid.
Gewaltiges Meer! trotz Grauen und Schrecken,
Die dunkel verhüllet dein schweigendes Becken.
Wie dir entstieg die Schaumgeborene,
Die Holde, der Menschen zur Wonne Erkorene.
So bist du den Völkern der Erde, das Band
Wodurch sie sich reichen die Bruderhand;
Das, Länder umschlingend, auf ihren Wegen
Sie trennt und vereinigt zu ihrem Segen.

Ich liebe die ruhige Sommernacht,
In ihrer schönen funkelnden Gnade.
Und sinnend, schaut mein Auge es gerne
Hinauf in das Meer der ewigen Sterne.
Kein Wälderrauschen, kein Wogendrang
Ertönet von dort mit dämmerndem Klang.
Ich fühl, es kenn die leuchtende Scaar,
Wird dich in des Auges Retina klar
Bezaubert ihr Bild, die Seele träch
Auf innerstem Grunde ihr eingeprägt.
Ein ahnend Verlangen, das schwingst ich gerne
Durch endlosen Raum, zur weiten Ferne.

...kreisende Wellen sinken und steigen,
In ihrem gewaltigen, ewigen Geigen.
...wandernde Spur, ...merkbar kaum.
...leuchtende Sonne, im ...genden Raum.
...auch sie nach alter Weise,
...vorgeschriebene ...liche Gleise,
...reiten mit, wenn sie auch ...re,
Wir Menschen auf Erden, als Passagiere,
Mit allen Sorgen, mit Nöten und Freuden,
Im fragmentarischen, flüchtigen Leben.
Mit frommen Wünschen, unerfüllt,
...einem ...en, der nie gestillt,
Mit Bauen von schönen, luftigen Plänen,
In Freude, in Kummer, mit Lachen und Tränen,
...erfüllen im Leben wir wechselnd die ...,
Bis endlich der Ruf kommt: "Halt! steig' aus!".

...tend, ...laternd, ...tend ...
Der schöne Dreiklang der Menschengemüt...
Die ...schlu... des Brausen des Meeres,
Der Anblick des ewigen Sternenmeeres.

Der Dom zu Speyer.

Zu Speier in dem Dome steht man auf heil'gem Grund .
Das machet tief im Herzen sich dem Besucher kund .
Und fromme Scheu umhüllet, durchschauert sein Gemüth
Wenn er, von dem Portale, die hohen Räume sieht .
Denn aus den Säulengangen, von Wänden und Altar
Da senket in die Seele, sich tief und wanderbar,
Was hier die Kunst geschaffen, was hier der Sinn erdacht
Und was zu Gottes Ehren des Meisters Hand gemacht .

Zu Speier in dem Dome, da steht
      ein weites Grab;
Dort zählte man die Kaiser der
      deutschen Reiche einst,
Die mächtigen deutschen Kaiser! —
      die weite Welt kaum fasst
Die alten Heldengeister — sie
      liegen still im Sarg.
Und eine ernste Lehre kommt aus
      der Fürstengruft,
Aus jenen morschen Schätzen, aus
      Staub und Leichenduft
Spricht er von Macht und Würde, von
      Glück und schwerem Leid,
Im Leben von Verbrechen und von
      Vergänglichkeit.

Zu Speier in dem Dome, im altens
      grauen Stein
Da grub sich die Geschichte des
      deutschen Volkes ein.
Seit achtmalhundert Jahren, der Zeit
      gewaltger Strom,
Drückt seine tiefe Spuren auf Speiers
      alten Dom,
Und wie er hochauftredet zum blauen
      Himmelszelt
Umrankei ihn wie Epheu, die deutsche
      Sagenwelt.
So steht er kühn und mächtig, im
      schönen Pfälzer Land,
Ein hoher Gottestempel, ein Werk
      von deutscher Hand.

Volontair.

Am Potomac, in Feindes Staat,
Steht auf der Wache der Soldat.
Sein Arm ist stark, sein Herz ist warm,
Doch Paddys Tasche leer und arm

In seinem Hause fehlt Brod,
In seinem Herde herrscht die Noth,
Drum zog er rüstig in das Feld,
Dem Feinde zu für's liebe Geld.

Er stehet treu in trüber Nacht,
An seinem Posten, auf der Wacht.
Die Luft ist stürmisch, rauh der Wind,
Sein Herz daheim, bei Weib und Kind.

Ob sie wohl auch jetzt an ihn denkt,
An der er treu in Liebe hängt?
Er lächelt still, er träumt von Glück,
Er wünscht mit Schmerzen sich zurück.

Doch aus dem Wald es blitzt und kracht,
Da pfeift die Kugel durch die Nacht,
Er wälzet ächzend sich im Blut,
Durchbohrt das Herz, so treu und gut.

In einer Kammer, trüb und klein,
Näht still ein Weib bei Lampenschein.
Der Säugling schläft, die Mutter wacht,
So angsterfüllt in dieser Nacht.

Am Potomac, im fernen Wald,
Liegt eine Leiche starr und kalt,
Man scharrt sie ein, kennt sie nicht mehr,
Gott helf' dir, armer Volontär!

Der Geier.

Es ragt über dunklem Forst,
In Felsenschlucht des Geyers Horst,
Worin er sicher, ungestört,
Die junge Brut das Waidwerk lehrt
Er lehret sie, die junge Recken,
Zum ersten Flug die Flügel strecken
Und übt das Aug, dass, in der Ferne,
Es schnell den Raub erspähen lerne
Und wo sich tief versteckt im Grase
Das Rebhuhn kauert und der Hase,
Und wo das junge Reh, das schnelle
Im Thale trinket aus der Quelle:
Da zeigt er, wie vom Bergessitz,
Gewaltig, wie der jähe Blitz,
Im Fluge er die Beute fest
Ergreift und trägt zum Felsennest.

Der Kranz in dem Haare.

Der Frühling webet das grünende Reu,
Das Mädchen tanzt auf der Wiese,
Sie schwinget sich fröhlich und wiegend im Kreis,
...
...
...
...
Umkränzet vom Kranz in dem Haare.

Zum Fräulein wallet an heiterer Tag,
Sie spazieren wohl zu heute,
Die gäben das Mädchen wie wonnevoll königs
Mein Herz an der Brust (genne) Seite!

So wandelt so heutenselich ommend denn
Und selige Brüder am schweigen den Som,
So mild ja recht den zum Bare
Den trunknen Franz in dem Jahre

Vom Thurme tönet ein Glöcklein herab,
Es klaget so traurig heute,
Es wartet im Kirchhof ein offenes Grab,
Drum tönet das Sterbegeläute.
Ach! nie ich geschieden aus Freude und Leid,
Die liebliche Blume, die herrliche Maid,
Wie liegt sie so bleich auf der Bahre,
Und wieder den Kranz in dem Haare!

Das letzte Blatt

Es trauert und es zittert
    Ein Blatt verwelkt und fahl,
Das letzte an dem Baume,
    Am Zweige dürr und kahl.

Wohl sah es schönere Tage,
    In der Gespielen Schaar,
Wie war es frisch und blühend,
    Dem Herz war grün und klar.

Doch nun hier ganz verlassen,
    Allein auf nackter Höh',
Sehnt sich das Blatt das arme
    Zu ruhn in ihrer Näh'.

Und weil der Sturm die Andern
    Dir weggenommen hat,
So fall nun auch du armes
    Du welkes, dürres Blatt.

KRANICHE

Hoch durch die Lüfte, im Aether klar,
Segelt der Kraniche ziehende Schaar,
Findet auf luftigen Bahnen die Spur,
Folgend die Stimme ihrer Natur.

Mächtige Sehnen nach fernem Land
Treibt sie vom alten heimischen Strand
Weit über Land und weit über Meer
Ziehn die geschlossnen Züge daher.

Müssen ja wandern, es treibt sie fort,
Unaufhaltsam nach fernem Ort,
Folgend der Ahnen dunklem Gebot,
Steuern sie sicher, landen am Ziel

Tief in der Menschen innerstem Kerne
Trägt er ein Sehnen nach sonniger Ferne,
Dunkel der Drang, der nie hier gestillt,
Klar wie das Reisen, das ihn erfüllt.

Alles, was werthvoll, theuer und lieb,
Stillet auf Erden nimmer den Trieb,
Über des Lebens verschleiertes Ziel
Denkt das innere, feste Gefühl.

Wandernden Kranichen gleich auf der Reise,
Steuernd zum Ziele nach eigener Weise,
Ahnungsvoll zeugt in der Seele ein Zug
Für den unendlich höheren Flug.

Erinnerung.

Sie sass bei mir, als emsig ihre Hand,
Aus einer Blumenfülle mir die zarten,
Die sich durch Form und Farbe, lieblich paarten,
Zu einem kleinen Kranz zusammen wand.
Dies, sprach sie freundlich, möcht ich gern dir schenken,
Behalt es mir zu lieb, zum Angedenken,
Und wenn im Buche, säuberlich gefalten,
So werden auch die Farben frisch sich halten.

Ich hab ihn noch, den kleinen theuren Kranz
In einem Buche säuberlich gefalten;
Sind seine Farben rein und frisch erhalten,
Und auch der Blätter Form ist schön und ganz.
Und eine tiefe Wehmuth mich umschleicht,
Bei seinem Anblick wird das Auge feucht. —
Ich denk der Hände, die den Kranz gewunden,
Der schönen Blume selbst, die längst verschwunden.

Des Kindes Auge.

Ein Strahlenquell,
So leuchtend, hell,
So glänzend, klar,
Und wunderbar,
Woraus, durch schatt'ge Wimpern, sonnig,
Die Freude strahlet, klar und wonnig

Wenn auf uns schaut,
So lieb und traut,
In stillem Glück,
Des Kindes Blick,
Dann zeiget, im lieblichen Auge, mild,
Die junge Seele ihr reines Bild.

Wer sein genannt
Den Diamant,
Der einst so klar,
So leuchtend war,
Der denket in stillem Schmerze noch gern
An des theuern Auges erloschenen Stern.

Das letzte Blatt

Es trauert und es zittert
   Ein Blatt verwelkt und fahl,
Das letzte an dem Baume,
   Am Zweige dürr und kahl.

Wohl sah es schönere Tage,
   In der Gespielen Schaar,
Wo alles so frisch und blühend,
   Sein Kleid war grün und klar.

Doch nun hier ganz verlassen,
   Allein auf nackter Höh',
Trauert sich das Blatt das arme,
   Zu rahm in ihrer Höh.

Und weil der Sturm die Andern
   So weggenommen hat,
So fall nun auch du armes,
   Du welkes, dürres Blatt!

KRANICHE

Hoch durch die Lüfte im Aether klar,
Segelt der Kraniche pilgernde Schaar,
Findet auf luftigen Bahnen die Spur,
Folgend der Stimme ihrer Natur.

Mächtiges Sehnen nach fernem Land
Treibt sie vom alten heimischen Strand,
Weit über Land und weit über Meer
Zieh'n sie geschlossnen Zuges daher.

Müssen ja wandern, es treibt sie fort,
Unaufhörlich nach fernem Ort.
Folgend des Triebes dunklem Drang,
Steuern sie sicher, landen am Ziel.

Tief in der Menschen innerstem Kerne
Trägt er ein Sehnen nach sonniger Ferne.
Dunkel der Drang, der nie hier gestillt,
Stark wie das Hoffen, das ihn erfüllt.

Alles, was werthvoll, theuer und lieb.
Stillet auf Erden nimmer den Trieb,
Ueber des Lebens verschleiertes Ziel.
Deutet das innere, tiefe Gefühl.

Wandernden Kranichen gleich auf der Reise,
Steuernd zum Ziele nach eigener Weise,
Ahnungsvoll zeugt in der Seele ein Zug
Für den unendlich höheren Flug.

Erinnerung.

Sie sass bei mir, als emsig ihre Hand.
Aus einer Blumenfülle mir die zarten,
Die sich durch Form und Farbe lieblich paarten,
Zu einem kleinen Kranz zusammen wand.
Dies sprach sie freundlich, möcht ich gern dir schenken;
Behalt es mir zu lieb, zum Angedenken,
Und wenn im Buche säuberlich gefalten,
So werden auch die Farben frisch sich halten:

Ich hab ihn noch, — den kleinen theuren Kranz.
In einem Buche säuberlich gefalten:
Sind seine Farben rein und frisch erhalten,
Und auch der Blätter Form ist schön und ganz.
Und eine tiefe Wehmuth mich umschleicht.
Bei seinem Anblick wird das Auge feucht, —
Ich denk der Hände, die den Kranz gewunden.
Der schönen Blume selbst, die längst verschwunden.

Des Kindes Auge.

Ein Strahlenquell,
So leuchtend, hell,
So glänzend, klar,
Und wunderbar,
Woraus, durch schattige Wimpern sonnig,
Die Freude strahlet, klar und wonnig

Wenn auf uns schaut,
So lieb und traut,
In stillem Glück,
Des Kindes Blick,
Dann zeiget, im lieblichen Auge, mild,
Die junge Seele ihr reines Bild.

Wer sein genannt
Den Diamant,
Der einst so klar
So leuchtend war,
Der denket in stillem Schmerze noch gern
An des theuern Auges erloschenen Stern.

FALLING LEAVES.
(to Jennie)

The trees are stirred by autumn's blast,
The yellow leaves are falling fast;
And floating down in ceaseless flight,
Strange and bewildering to the sight,
To rest at last upon the ground;

They seem with sadly whispering sound,
Like souls departing hence, to say:
"Our time is past, we cannot stay,
Where we were born, no longer dwell,
We must depart...farewell! farewell!"

One Grey leaf fell in early Spring,
When winged minstrels love to sing
Their joyful tunes. Its form so light,
So full of life, so fair, so bright,
And yet, it fell...O, little leaf!
Thy stay was short, its joys were brief,
Unfading still remains of thee
The fondly cherished memory.
Since thy departure years have past
But to the yearning heart will last
That void within, till on life's shore
Of life, the pulse shall beat no more.
Where parting pangs, and where decay
Afflict, like in this transient day,
No more: and where in lofty flight
The soul will seek eternal light,
Our fondest hope is there to meet
That tender leaf, so pure and sweet.

Mater Dolorosa

Hoch aufgepflanzet auf den Höhen
Calvariens drei Kreuze stehen;
Drei Galgen sind es, die man schaut,
Wie man im Römerreich sie baut
für Missethäter, und im Lande
Sind sie ein Zeichen tiefster Schande.
Im stummen Schmerz, den Blick erhöht,
Ein Weib am Mittelkreuze steht.
So bleich und stille steht sie da
Vor Seinem Kreuz auf Golgatha;
Und keine Ohnmacht Lindrung bringt
Der Seele, die das Schwert durchdringt.
Sie wanket nicht, sie darf nicht sinken
Zur Neige muss mit Ihm jetzt trinken
Den bittern Kelch die stille bleiche,
Die unaussprechlich Schmerzenzreich

Seestern.

Denn hat sie nur eben geöffnet die Schale,
So wird sie geopfert zum festlichen Mahle.
Er zeigt sich nicht heftig, ist niemals in Hast,
Er naret allmählich der schmeichelnde Gast,
Und läßt von dem Gastfreund, als einzige Spur,
Die leere Hülle, die Schale nur.

Es nahet Manches dem Menschen sich gern
So harmlos wie der schmeichelnde Stern,
Doch hat es ihn einmal in seiner Gewalt,
So zehrt es vom inneren, besseren Gehalt,
Und läßt, gesättigt von jedem Mahle,
Ihm nur die leere, werthlose Schale.

Der letzte Trab.

In schwerem Trab.
Die Strass' hinab.
Ein alter Gaul hier mühsam
holpert.
Die Beine sind steif, er keucht
und stolpert,
Und wie er sich schleppt mit
erschlafften Sehnen
Entflieht ihm ein schmerzliches,
dumpfes Stöhnen.
Nur wenig Haare hängen
noch ganz.
Am jämmerlich kahlen,
zerfetzten Schwanz.
Und auf ihn sitzet der
handfeste Lümmel,
Und reitet den armen, ge-
quälten Schimmel,
Im letzten Trab,
Die Strass' hinab,
Für lange Plag' als Lohn
und Gewinn,
Zum endlichen Ziel, zum
Schindanger hin.

Nun ist es denn so, dass man dich jetzt ehrt,
Du einst so gepriesenes, herrliches Pferd!
Das freudig und mutzig, in jüngeren Tagen
Den kühnen und stattlichen Reiter getragen.
Einst war es weit anders, da galt deine Jugend,
Die Schönheit und Kraft, wie immer, für Jugend.
Da hat man mit lobendem Wort dir geschmeichelt,
Mit freundlicher Hand dich weil zärtlich gestreichelt,
Die Wohnung war sauber, dein Anzug war neu,
In Fülle der Hafer mit duftendem Heu.
Doch Jahre vergingen. — schwer wird der Tritt,
Die Peitsche beschleunigt den langsamen Schritt,
Bis endlich du jetzt, am Ziel deiner Tage,
Todmüde hinpilgerst zum Ende der Plage.

O, armer Gaul! es theilt mit dir
Das Schicksal, mitunter ein besseres Thier;
Im rastlosen Ringen und Drängen der Zeit
Blüht spärlich und selten die Dankbarkeit.

Die Spinne

Die Spinne kennt wohl jeder er weiß,
Bekannt durch ihren Fleiß und Dreist,
Nun hatte es eine wie sie es verstehn,
So zierlich und zierlich, ein Netz sich gedreht,
Und machte durch Fleiß, und vergrößter Streben,
So galt es es kunstis besonderen zur Leben,
Und Mücken und Fliegen nahm gern sie vorlieb,
So ende der Fein, dem Garne antrieb
Und fing sich ein Mücenchen, wühlte und wornt,
Dann einmal, wie zur Rast, ein Stille war es
Und nahm das schwirrende Ding sich im Arm
Und hielt es so ander, und hielt es so warm?
Doch einmal da hat ein Apartes gewillert,
Da fühlte sie heftig ihr Mäuschen erschüttert,
Es wangen im Netze, da zappelt, und hing
Ein sehr ungewöhnliches, schuppiges Ding
So eine Art Falter, ein grimmiger Falter,
Ein toller, verzweifelter Schwerenöter
Der hat es gewühlt, gewollt und gesprungen,
Und war es ihm bald ohne Zweifel gelungen,
Sich ganz zu befreien, da schnell weg der Falk,
Umfloh sie das Spinne, doch war sie zu Falk

Zu wenig zu heuern der nächt Mühen
Läßt sie mücken, und ...
... andern, nicht zu rechnen Kunden
Das Tell von Plagen und Wehen geschunden.
Die Spinne gab nach und ließ ihn allein,
... kam von weitem, mit Sorgfalt ein Bein,
... sie erlöst sich von grimmiger Plage,
Doch sie mit Vernunft kam jetzt folgende Rede:
Du schmähler, niedrichter beschältes Thier
Ausgönnst mir wohl, daß ruhig ich hier
Mein andres Geschäft in Garten betreibe.
Und möchtest im eignen Haus mir zu Laibe!
Liehst du denn nicht, mir günstiges Vieh,
Wie ich mir durch Arbeit und Maschinerie
Von Lside und Garn, mit Spinnen und Weben,
Zur mühsam erhalte mein dürftiges Leben?
... du das Münter, und hast du erwogen,
Wie ich das Alles heraus hab gezogen,
... gesponnen, geknüpft und gedreht,
Die Faden von Neuem geflickt und genäht,
Stehst weit am Ende, droht Plage und Müh'
Nur gar nicht erwerben durch mancherlei.
O schäme dich, schäme dich, beschäftes Thier!
... wenn ein wenig, du ersparst dafür.
So gehe nun jetzt gemütlich ins Haus.
Und nenne mir Zeit, und ruhe mich aus.
Und lasse dich zappeln und springen und atmen,
Bis dir allmählich die Kräfte vergehen,
... dann noch die anderen Bein;
So hast du zuletzt auch das Zappeln noch sein.
Und endlich zum Schluss, für mein täglich Brod
Da komm' ich und esse behaglich dich todt.

So war es dann auch, hab es selber gesehen.
Und die Moral ist leicht zu verstehen.
Es ist der Verstand, der bildet und schafft.
Die rohe, die ungeregelte Kraft
Wird immer im Kampfe das Feld verlieren
So lange der Kopf die Hand nicht kann führen.

Der Pfirsich.

Aus einem Zustand,
  wie man sieht,
Ist Mancher heut
  zu Tag geschieht,
Doch brauchen man, wenn
  erlöscht das Licht,
Im Dunklen keine
  Bildung nicht.

An einer Tafel war
  das Beste
Der Küche für die
  werthen Gäste,
Zur Kräftigung für
  Herz und Magen,
In vollen Schüsseln
  aufgetragen.
Es wurde auch, wie
  sich gebührt,
Am Schlusse das
  Dessert servirt.
In einem Körbchen,
  unter Andern,
Ließ freundlich man
  die Runde wandern
Das gewünschte Obst.
  Und dabei war
Ein wundervolles
  Exemplar
Von einem Pfirsich,
  der von Allen
Beäugelt ward mit
  Wohlgefallen.

So saftig schien er, rund und voll,
Ein wahres Prachtstück jeder Zoll,
Und lieblich, wie der Jungfrau Wangen,
Sah man in zartem Roth ihn prangen.
Man nahm ihn weg, sofort? Oh, nein!
Nur er blieb übrig, ganz allein,
Und lag im Körbchen, wie verschmäht.
Natürlich auch, denn Leute geht,
Wenn vor uns steht der Tisch gedeckt
Und man sogleich die Finger streckt
Nach dem, was sichtbar alle Gäste
Erkennen als das Allerbeste.
Das ist das freilich nicht gentil,
Und sündigt gegen feinen Styl.
Der Spaßmann, der nach seiner Art,
Oft Herz und Nieren offenbart,
Dies unmoralisch er gesehen
Und plötzlich jetzt das Licht ausgehen.
Und Einer nun, ein kluger Mann,
Da man ja doch nicht sehen kann,
Gedacht mit heißem Verlangen,
Den Liebling mit den reifen Wangen,
Er hebt sich sachte, streckt die Hand
Verstohlen nach der Frucht, und fand,
Die Köpfe von den andern Leuten,
Die um den Preis zu erbeuten,
Sobald es dunkel, mit Bedacht,
Es grade so, wie er gemacht.

Man glaubt oft besser zu verstehen,
Wenn man ein Ding bei Licht kann sehen;
Doch manchen Sachen kommt man nur
Im Dunkeln auf die rechte Spur.

Mein altes
Parapluie.

Er weinet dicke Thränen,
    Dort in der Ecke, sieh!
In stillem Gram, mein treues,
    Mein altes Parapluie.

War einst ein wackres Schirmchen,
    Mit ebenem, weißen Knopf,
Und hielt gar hübsch den Regen
    Vom Hut mir und vom Kopf.

In heißen, schwülen Tagen,
    Ein Schutz vor Sonnenstich;
Bis die einst glatte Wange
    Sich runzelt und verblich.

Dann, vor dem bösen Alter
    Ist selbst ein Schirm nicht frei,
Es rissen ihm die Nähte,
    Das Fischbein sprang entzwei.

Nun ist er alt und mürbe,
Es wackelt ihm der Knopf,
Kann nicht der Blasser haben,
Wie sonst, von Hut und Zopf.

Man konnte uns von Weitem,
Und beante dazu, aca!
Mit reellem, festem Herzen,
Mich und mein altes Dach.

Er ach, und war es immer,
Ein Freund mir, darum seit
Trug ich ihn noch wie früher,
Aus schöner Dicität.

Doch eines frühen Morgens,
Mein Weib entrückt spricht:
Den respectabel tragen,
Das sei des Mannes Pflicht.

Und wirklich schafft sie selber
Mir einen neuen an,
Den muss ich leider tragen,
Sie hat die Hosen an.

Drob steht er still und grämet
Bekrochnen Herzens sich.
Oh Parapluie, oh treues!
Wie schmerzt dein Schicksal mich

Nie mehr wird man jetzt sehen
Im Regen und hiernach,
Zusammen auf der Strasse,
Mich und mein altes Dach

Oh Freunde, bleibet menschlich,
Betrübt und kranket wie
Die stille schöne Seele,
Von einem Parapluie.

An einer Platte, schaffend brav,
Saß einst ein ew'ger Wagraph,
Und zeichnete, für's liebe Geld,
Auf Stein, den Plan von Oberfeld.
Es waren Monde schon verronnen,
Seit er das lange Werk begonnen,
Doch fertig zum Graviren,
Konnt' er mit Acht'e prepariren
Die Frucht von Fleiß und auch von Sorgen,
In mühevollen langen Tagen.
Und überdenkend den Gewinn,
Da war es ihm gar weit im Sinn.
Der Bürgermeister, ein guter Kenner,
Zahlt ihm dafür manch' schönen Thaler,
Und halb schon raunzelt er das Geld.
Dann soll verwundern Oberfeld,
Sich über Anstand und Geschmack.
Wie ich ihm zeig' im neuen Frack
Und seinen Hut auch hab ich vor,
Zu kaufen mir ein Möbelwerk
Für meine Stube, und was verstohlen
Im Verborg'nen, wird mir neu erdrängen;
Denn, wie es steht da, unser Haus,
Sieht's grade nicht zum Besten aus.
So ein Paar Thaler, denk ich dann.
Lori, nach der Arbeit auch der Mann
Verwöhnen will, mit gut Gewissen.
Auf Frau brennende grade nicht zu wissen,
So denkt der Eule, und erzeigt die Thaten.
Beim Speisezimmer, wo geruhen
Mit lautem Klang, ihm das Signal,
Zum allgemeinen Mittagsmahl.

Doch wie irre es um Leben geht,
Wenn sich der Mensch hier untersteht
Und eine Wirth die Rechnung macht,
So kam das Schicksal leis und sacht,
Und lachte grinzend sich ins Fäustchen.
Und kürzte um sein Kartenhäuschen.
Denn seht, mit solchen finstern Mächten
Kann man es recht den Bund nicht flechten.
Schon Solon war? davon ein wenig,
Und sagte einst dem Lydier-König:
Um für des Menschen Glück zu stehen,
Muss man zuerst das Ende sehen.
Zur Sache denn. Gefällt mit Kass
Stand auf dem Rein das Dintenfass.
Es heisst wohl Tuschnapf eigentlich,
Doch wollt das Ding nicht reimen sich.
Und Fass und Kass, das sieht ein Jeder,
Fliesst schon viel leichter aus der Feder.
Es war in jenen heissen Tagen,
Wo uns so sehr die Fliegen plagen.
Und eine, aus dem muntern Schwarm
Die, plötzlich, dass sich Gott erbarm!,
In diese zähe, schwarze Pfütze.
Doch hatte sie noch so viel Grütze,
Dass sie dem Sumpfe sich entwand
Und mühsam kletert auf den Rand.
Und um sich weiter fort zu bringen
Versucht sie es mit ihren Schwingen.
Allein die Tusch, die erste, feine,
Geschen vortrefflich für die Steine,
Kann man wohl in der Feder führen,
Jedoch, zum Fliegenflügel-Schmieren
Ist sie doch fast zu zäh und dick;
Drum hatt auch unsere Flieg kein Glück,
Als sie die Probe davon nahm.
Und dabei in die Linie kam.

Denn statt zu siegen, fiel sie auch,
Mit ihrem schwarz lackirten Bauch.
Wer hätte je gedacht daran,
Auf unserm schönen fertigen Plan.
Hier ackert sie nun kreuz und quer,
Mit nassen Flügeln hin und her.
Und trifft dabei, mit seltnem Glück,
Von allen Stellen grad das Stück,
Woran die meiste Arbeit war.
Das ist das Schicksal, das ist klar,
Denn dass die Fliege so ihm grollt,
Und ihm den Plan verderben wollt'
Zum Zeitvertreib, das glaub' ich nicht,
So sehr der Schein auch dafür spricht.
Ihr wisst doch wie es Fliegen treiben
Wenn sie sich Füss' und Waden reiben.
So sucht sie jetzt mit kräft'gem Ringen
Das Zeug vom Leibe sich zu bringen.
Allein es geht nicht, und mit Beeden,
Fühlt sie es immer fester kleben.
Da fasst die ganze Energie,
Zusammen nun das kleine Vieh,
Und läuft und zappelt wie verrückt,
Und dreht die Glieder so verzwickt,
Dass jeder unter euch würd' sagen:
Sie hät den Teufel in dem Magen.
Kaum er sie hier gezehen, im Drao.
Den Stein beccamirend, auf und ab..
Wie Attila einst sengend fuhr,
Und die verkohlte, schwarze Spur
Sich zeigt in abgebrannten Städten,
So brachte hier, in ihren Nöthen,
Das arme, arme Flügelein,
Verderben auf den schönen Stein.
Und über Kirche, Markt und Strassen,
Mit Angst und Hast eilt sie fürbass.

Die Läufer eilet, mit ihrem Lauf,
Weil nicht den kleinen Wandrer auf,
Sie ward darin nicht halb so nass,
Als im verwünschten Tintenfass.
Doch jedes Ding hat auch sein End;
An allen Sachen die man kennt,
So doch der Fliegen Kraft, wer es,
Ein kein Perpetuum mobile.
Und wie sie wandert auf und nieder,
Ermüden endlich ihre Glieder;
Sie wankt, sie stockt, und wieder rasch
Sich auf sie, doch alsbald erschlafft,
Und bis in heissem Mark erschüttert
Ein todesmüd' sie hin und zittert.
Oh! wer kann sehen hier der Spur,
Der armen, kleinen Creatur,
Und wem erweicht es nicht das Herz,
Wenn hier, im grossen, herben Schmerz,
Die Aermste mit dem Tode ringt;
Dieweil aus ihrem Herzen dringt
Kein Laut, kein dumpfer Jammerschrein,
So ihrer Noth, so ihrer Pein.
Die zarten Flügel, wie geweht
Von Sonnengemälden, sind verkleht,
Das Auge bricht, das reine, klare,
Das kurze schöne, wunderbare,
Wie sie hier lebt den letzten Tag,
Es schlägt das Herz den letzten Schlag,
Und mit ihr stirbt, was ihr es theuer,
Das tausend ungelegter Eier,
Der Stolz von schönen, künft'gen Tagen,
Die sie am Herzen warm getragen.
Oh! warum fehlet mir die Kraft,
Die ein dramatisch Bild erschafft

Und zeigt wie des Geschickes Wuth
Ein Held bekämpft mit hohem Muth,
Denn wie sie liegen Stein ...
Mit ... gen Sieg die Stadt unterweist.
Von ihrem Leiden, ihrem Ringen,
Ließ sich ein ganzer Epos singen,
Und aus dem Kampf und ihrem ...
Web' ich 'ne zweite Odyssee,
Doch hier das Ziel von ihrer Reise
Sie fuhr nach einer Ziegen ...,
Am Terminus der schwarzen Schlacken
Saß sie entseelt, und — festgebacken.

Ihr wisst, wie vor der Priamsfeste,
von Griechenhelden, einst der Beste,
Der göttliche Achill', erschrickt,
Als er Patroclus' Leich' erblickt.
Und wie darauf, von Grimm erfüllt,
Der fürchterliche Mann in ihm schwillt,
Wie er die Feinde niedermäht,
Und Hector'n an den Kragen geht.
Und wisst ihr wie die Löwin schnaubt,
Wenn man die Jungen ihr geraubt,
Und wie im Schild Pallas Athene
Den Schrecken führt, von der Gorgone
Das Schlangenhaupt erstarrt zu Stein
Der Feinde Herzen und Gebein.
Und wenn ihr sonst noch Thaes wisst
Die ihr in diesem Vortrag misst,
Von Bildern, die Entsetzen bringen,
So recht durch Mark und Beine dringen,
So malt sie aus, und haltet sie,
Als Vorspiel, in der Fantasie,
Denn solch Meduzens grauser Kopf
Fand Concurrenz jetzt in dem Senepf,
Von ungern guten, biedern braven,
Schwer nahmgesuchten Linographen.
Denn, als er die Verzückung sieht,
Da stockt der Athem ihm, es flieht
Das Blut aus seinen fahlen Wangen,
Die Winkel seines Mundes hangen
Herab, wie schwere Mauersteck,
Die Beine wurzeln auf dem Fleck.

Er öffnen weit sich wie Gemächer.
Die ungeheuren Nasenlöcher;
Und wo sonst seine Locken wehen,
Sieht man das Haar wie Binsen stehen.
Die Adern schwellen an und streizen,
In seinem dicken Kopf, es glotzen
Ersetzt die Augen starr und wild
Auf seiner Seines Jammerbild,
Der Argwohns Teufel sagt ihm dann
Mit seinem langen, gelben Zahn;
Der Furien schwärzes, wildes Pack,
Verhöhnen ihn mit neuem Track,
Durch seine Seele sägt das Chor
Mit einem langen Weiberrohr.
So sieht geplagt der arme Mann,
Aus seiner Brust presst sich alsdann
Ein Jammerzensschrei, es ist zu viel,
Er brüllt und stöhnt "Oh Donnerkiel,"
(Woran man merkt, dass unser Held
Gebürtig war aus Sleerfeld.)
Wie also es vorhin gesagt,
Hat ihn der Argwohn schier geplagt,
Er schon gefangen in dem Wahn
Aus Bosheit habe es gethan
Ein räudiger, infamer Wicht,
Der nicht verdient des Tages Licht,
Und ihm, aus Neid auf seine Kunst,
Die schöne Arbeit hat verhunzt.
Oh! könnt er packen diesen Schuft,
Wie hätt er ihn gewürgt, gepufft,
Zu Brechen Haut ihm und Genick,
erschien ihm jetzt das höchste Glück.
Sein Brüllen zieht ein wilder Schrei,
Die ganze Sippschaft jetzt herbei.
Die edle Bäßin eilt voran
Mit schwerem Tritt er folget dann

Der Kinder blondgelockte Schaar,
(Der Vater er von allen war,)
Das Stubenmädchen, mit dem Besen,
Ist auch mit in dem Zug gewesen.
Es kommt jetzt in papiernen Kappen,
Die man gedreht aus alten Mappen,
Das Heer der guten, alten Schlucker,
Der festgebauten, despten Drucker.
Und auch die Nachbarn kommen dann
Und sehen sich den Jammer an.
Als sie gehört was hier geschehen
Und ihre Augen selbst gesehen.
Den harten Schlag, das herbe Loos,
Geht der Krawall von Neuem los.—
Der Held schaut ernst, und dünkt sich schier
Im Gram, ein zweiter König Lear.
Er sieht sein Weib, das zarte Reh,
Gedrückt von seinem schweren Weh,
Und in den Augen einer Rangen
Sieht er bereits die Tropfen hangen.
Da löst es sich und es erweicht
Das starre Herz, dem Aug' entschleicht
Verstohlen sich, es rinnt die schwere,
Zurückgehalt'ne herbe Zähre,
Erreicht die Nasenspitze schon,
Darauf beginnt der Unglückssohn:
"Oh, Weib! wohl fühle ich den Schlag,
Dem meine Mannheit fast erlag;
Doch hält' es nicht so viel gemacht,
Hätt' ich nicht so an dich gedacht.
So, traute Gattin, mit dem Geld
Hätt' ich verblüfft ganz Elberfeld,
Dich schmerzt es, weiss ich, unser Haus
Sieht nicht von vorn zum Besten aus;
Drum sollte, was daran verblieben
Mit Farben werden neu bestrichen.

Dazu, mein Kind, nahm ich mir vor,
Zu kaufen für dein niedlich Ohr
Ein Prachtgeschmeid, und dacht' im Sinn,
Daß selbst die Bürgermeisterin
Sich ärgern soll, wenn sie erblickt,
Wie ich die Ohren dir geschmückt.
Es ein Paar Thaler, dacht' ich dann,
Nähmst du doch wohl von deinem Mann
Gern als Geschenk für kleine Sachen,
Die dir besondere Freude machen.
Und Alles staunt wie hier im Schmerz
Verkläret sich ein schönes Herz.

Da plötzlich kommt heran gesprungen
Der junge seiner blöden Jungen,
Ich weiß' von etwer es gethan,
Und dir verdorben deinen Plan.
Was! wer? sag an, wo ist der Hund?
Ruft plötzlich jetzt aus hohem Schlund.
Der Wald gereizt, ich muß ihn sehen,
Und will ihm bald den Hals umdrehen.
Doch als der Feind gefunden war,
Da überkam ihm sonderbar,
Gleich einem Bündlein in der Wiege,
Quillt hier die liegebacene Fliege.
Der Ärger: Fackel kraist und flicht,
Er macht ein graulich Schattengesicht,
So lief er in der Seel' entrüstet,
Für den da war er nicht gerüstet.

Doch Hindernisse immer stählen
Den Muth von grossen Heldenseelen.
Er packt und wirft jetzt, ohne Müh,
Zur Erde das verruchte Vieh,
Und sein gewaltiger Fuss bedeckt
Im Zorn zermalmend das Insect.

Der Mann, die Fliege längst sind todt,
Doch ziehen wir aus ihrer Noth
Und traurigem Geschick zumal
Die gute Lehre und Moral:
Und trifft es sich, dass in der Welt,
Ihr macht den Plan von Elberfeld,
Und stellt den Tuschnapf oben auf,
So thut auch hübsch den Deckel drauf.

Tom O'Flannigan's Funeral.

I knew him well, his name was Jim,
He was not tall, rather slim,
His face was somewhat on the cross,
His hair, and whiskers on his nose,
He worked for Tom O'Flannigan,
A carter and as good a man,
As ever took a drop of whiskey,
A horse-rubber, bright and frisky,
In summer heat, through winter's frost,
You might have found him at his post,
The grocer's corner, and of course,
Always with Jim, his faithful horse.
They lived through life, a jolly team,
Like brothers almost, it would seem;
No unkind word did ever slip,
From Tom to Jim, nor did his whip
Indulge in blows which cross or other,
Would hurt his patient, faithful "critter."
At last Tom died, and at his bier,
Fell many a crony's silent tear,
One man though, with that dismal box,
The undertaker, mister Cox,
In cash he wanted to be paid,
Before he'd screw him down, he said,
"Nay, man! you see, I'm sure, I say, I bring
The cash next week! Oui cost o' thing
Won't do! no money! well, good bye!
He took his box and walked away.
"Fie! shame on you, let it stand!"
And in one hour or less, he'd hand
The cash to you.." "No! wait for Jim,
And get your money out of him.
A Quarter a chance.... now boys, be smart!
Away with ye! be off and start!"

No one, I'm certain, was so blessed
With kindly heart beneath his vest.
Is there who will not take at once
For old Tom's sake, on him a chance.
And hard they worked! they ran and walked,
They knocked at every door and talked,
They sold in streets and lanes with speed
Their chances on the glorious Deed,
An hour or less, old nimby Cox
Was gone and paid his funeral box.

The lottery, ever raffling began
Who is the lucky dog, the man
That gets old Jimmy? — Forty eight
Has drawn the prize, old Tom's estate.
Behold your deed! and take, my lad,
Possession of your own, old Pat!
Take Tom's old racer? thank ye, no!
For me the critter is too slow,
But any one who'll stand a treat
With something handsome, strong and sweet
I'll have him, and my blessing too,
If he be kind to him and true.
And so it strangely came to pass,
Jim paid for coffin and a glass
To all the sorrowing friends, you see,
In honor of Tom's memory.
Ah Jim! wherever thou art now,
The shadow will no bigger grow
Of that appendage, short and frail,
That woeful thing they call thy tail.
May be thy Lord as true a man,
As good defunct O'Flannigan,
Whose kindness was refunded him
By raffling out his faithful Jim,
And drinks to all his friends, you see,
In honor of his memory.

And Tom, our jolly, reckless Tom'
No saint was he, for he had some
Weak points, you know, but sure, in heaven
A curse or two will be forgiven,
The kind forbearance shown by him
To humbly pleading ancient Jim,
For pleading there for him will be
That gentle kind of charity.

Am offenen Fenster

Zur Zeit der Linde
schaut ich gerne
Den Abende aus zur
weiten Ferne.
...

5

www.ingramcontent.com/pod-product-compliance
Lightning Source LLC
Chambersburg PA
CBHW030545270326
41927CB00008B/1528